BEI GRIN MACHT SICH IHR WISSEN BEZAHLT

- Wir veröffentlichen Ihre Hausarbeit, Bachelor- und Masterarbeit

- Ihr eigenes eBook und Buch - weltweit in allen wichtigen Shops

- Verdienen Sie an jedem Verkauf

Jetzt bei www.GRIN.com hochladen und kostenlos publizieren

GRIN

Insa E. Schmidt

Revolution in Ägypten - Identitäten in Bewegung

GRIN Verlag

Bibliografische Information der Deutschen Nationalbibliothek:

Die Deutsche Bibliothek verzeichnet diese Publikation in der Deutschen National-bibliografie; detaillierte bibliografische Daten sind im Internet über http://dnb.d-nb.de/ abrufbar.

Impressum:

Copyright © 2012 GRIN Verlag GmbH
Druck und Bindung: Books on Demand GmbH, Norderstedt Germany
ISBN: 978-3-656-25772-1

Dieses Buch bei GRIN:

http://www.grin.com/de/e-book/196869/revolution-in-aegypten-identitaeten-in-bewegung

Institut für Afrika-/ Asienwissenschaften, Humboldt-Universität zu Berlin

Insa E. Schmidt, Immatrikulationsnummer: 541076; Aufbau-Seminar: Nordafrikanische

Identitäten im Wandel

Revolution in Ägypten - Identitäten in Bewegung

Im Tahrir-Spirit der Revolution demonstrieren Christen und Muslime, Männer und Frauen gemeinsam gegen sozio-politische Missstände in Ägypten und für den Rücktritt des Präsidenten Mubarak. Wie verhalten sich die Identitäten im revolutionären und post-revolutionären Ägypten? Welche Chancen bietet die Identitätenvielfalt für einen nationalen Strukturwandel?

Der Wille zum Umbruch des gesellschaftlichen und politischen Systems, der Wille zur Verbesserung der eigenen Lebenssituation und Perspektive brachte 2011 eine kollektive Bewegung hervor, die in den Medien als „Arabischer Frühling" beschrieben wird. Der „Arabische Frühling", dessen Blüten zunächst in Tunesien erschienen, erreichte neben weiteren arabischen, nordafrikanischen und subsaharischen Ländern alsbald Ägypten.

In Ägypten wuchs der innenpolitische Druck unter der autoritären Führung Husni Mohammad Mubaraks schon seit Jahren. Mehrere Demonstrationen wurden unterdrückt, Oppositionelle verschwanden oder wurden verhaftet.

Am 25. Januar 2011 gehen die Menschen in Ägypten erneut auf die Straße. Ziel ist es, der Regierung Mubaraks ein Ende zu setzen. Was zählt ist die Einheit, die nationale Energie. Die Farben der ägyptischen Flagge überziehen die Plätze und Straßen der Städte. Nachrichtensender übertragen v.a. Bilder vom Tahrir-Platz in Kairo, doch auch in Assuan, Alexandria, Ismailiyya oder Suez gehen Ägypter gemeinsam auf die Straßen. Die Menschenmenge ist beflügelt. Eine solche nationale Einheit ist in Ägypten keineswegs alltäglich: Etwa neunzig Prozent der Bevölkerung sind islamisch-sunnitischen Glaubens, circa zehn Prozent gehören der christlich-koptischen Religion an. Anschläge auf Kirchen, Diskriminierungen und Gewalttaten gegenüber koptischen Christen und Frauen sind Alltag. Wie ist der Wandel in den Tagen der Revolution zu verstehen? Der koptische Journalist Youssef Sidhom beschreibt die Wochen der Revolution als „Idealzustand für die Kopten [...].

1

Tote, Kirchenbrände oder Belästigungen habe es nicht gegeben."[1]. Wurde die Religion im Zuge des nationalen Konsenses tatsächlich zur Nebensache, wie es die Bilder der Medien vermuten ließen?

Zunächst kläre ich die Begriffe „Revolution" und „Identität" und gebe Einblicke in die Vielfalt der Identitäten samt der Entstehungen und Facetten. Anschließend erläutere ich die Chronik der Revolution unter dem Aspekt der Identitäten und deren Bewegungen und Wandel. Ich konzentriere mich auf ausgewählte Ereignisse vor, während und nach der Revolution, die Bewegungen innerhalb der Identitätenvielfalt veranschaulichen und die zwiespältige Situation zwischen religiöser und nationaler Identität erklären. Abschließend möchte ich die Identitätenvielfalt und die Identitäten in Bewegung als Chance sehen, die genutzt werden will, um das Volk friedvoll zu einen und das Land voranzubringen.

Zum Begriff „Revolution" ziehe ich eine gängige Definition heran. Revolution ist die „radikale Umwälzung, [eine] grundlegende Änderung (z.B. bestehender Theorien oder Weltbilder)"[2]. Als „revolutionär" bezeichne ich mit Blick auf Ägypten den Zeitraum vom 25. Januar 2011 bis März 2011. Nach dem Rücktritt Mubaraks am 11. Februar 2011 befindet sich das Volk in einer Art Schwebephase mit sicherlich revolutionären Zügen, doch spielen darin Unsicherheiten unter der militärischen Übergangsregierung und über noch ausstehende Wahlen eine große Rolle.

Aus psychologischer Sicht versteht das Nachschlagewerk Pschyrembel unter „Identität" eine „einzigartige Persönlichkeitsstruktur und das Bild, das andere davon haben"[3] (*Selbst-/ Fremdzuschreibung*). An selber Stelle gilt Identität weiter als eine „Kombination unverwechselbarer Daten des Individuums, die es eindeutig kennzeichnen"[4]. Beide Definitionen zeigen, dass sich der Begriff Identität auf ein Individuum bezieht (*individuelle Identität*). Die angesprochene Persönlichkeitsstruktur deutet auf die Komplexität möglicher Einflussfaktoren hin, die auf die Identitätsbildung wirken: Familie, Beruf, Religion, Kultur, die gesellschaftliche Stellung oder die Zugehörigkeit zu einer Nation dienen als *Identitätsofferten*. Sobald Identitätsofferten in die eigene Identität oder in die Identität einer Gruppe (*kollektive Identität*) integriert werden, wirken sie als *Identitätsfacetten*. Betrachtet man diese Facetten als eigenständig geprägte Identitäten, bezeichnet man sie als *religiöse*

---

[1] www.dw.de: „Verlierer der Revolution - Kopten in Ägypten" von Magdalena Suerbaum (vom 22.Feb.2012)
[2] www.langenscheidt.de: „Revolution" (vom 22.Feb.2012)
[3] Pschyrembel. Klinisches Wörterbuch, Berlin New York 2002, S. 769
[4] Ebd.

2

Identität, kulturelle Identität o.ä. Eine Umstrukturierung innerhalb der individuellen oder kollektiven Identitäten erfolgt durch Bewegung der Identitäten während einer sogenannten *Identitätskrise*. „I[dentitäts]-Krisen [...] können durch traumat[ische] Erlebnisse [...] entstehen"[5] oder auch durch einfache Veränderungen der Lebenssituation. So verlieren oder gewinnen Identitätsfacetten an Einfluss auf die Identitätsbildung. Diese *Fluidität der Identitäten* ist Voraussetzung für Bewegungen der Identitäten.

G.W. Leibniz versteht unter Identität „da[ss] alles Wirkliche individuell, d.h. voneinander unterschieden ist, und ein Gegenstand nur mit sich selbst identisch sein kann"[6]. Identität ist bewusst, wenn sie sich von anderen Identitäten abgrenzen lässt. Der Kern der Aussage folgt der immer wiederkehrenden Frage: Wer bin ich? Wer bin ich nicht? (individuelle Identität) oder: Wer sind wir? Wer sind wir nicht? (kollektive Identität). Identitäten in Bewegung folgen demnach dem „principium identitatis indiscernibilium"[7], einer Art Ausschlussverfahren, bei dem das Übriggebliebene die eigene Identität prägt und gegebenenfalls als eine Identitätsfacette in die individuelle oder kollektive Identität integriert werden kann.

Im Folgenden erläutere ich „Identitäten in Bewegung" anhand der Chronik der ägyptischen Revolution. Dabei beschreibe ich verschiedene Identitätsfacetten, die sich durch die Ereignisse der Revolution ergeben und durch diese genährt werden.

Vor der Revolution

Die autoritäre Führung unter Mubarak zeigt sich für die Bevölkerung in mangelnder Meinungsfreiheit, fehlender politischer Mutsprachemöglichkeiten und alltäglicher Korruption in Staat, Wirtschaft und Verwaltung. Die Arbeitsbedingungen sind schlecht, da es keine verbindlichen Verpflichtungen hinsichtlich Arbeitnehmer- und Kündigungsschutz oder Vertragsunterzeichnungen gibt. Immer mehr Menschen sind arbeitslos und kämpfen um jeden Ägyptischen Pfund, der im Zuge der Inflation mehr und mehr an Wert verliert. Die Armut wächst. Der Internationale Währungsfonds (IWF) beschreibt einen Rückgang des Wirtschaftswachstums von sechs Prozent in den Jahren 1961 bis1980 auf dreieinhalb Prozent in den Jahren 2001 bis 2005[8]. Von Wirtschaftsreformen profitiert lediglich die Elite des Landes, an deren Spitze Mubarak agiert.

---

[5] dtv Brockhaus Lexikon. München 1988, Band 8 Hau-Irt
[6] Ebd.
[7] Ebd.
[8] C. Naylor, P.: North Africa. A History from Antiquity to the Present, Texas 2009, S.199.

Das politische und gesellschaftliche System in Ägypten lässt einer vielschichtigen individuellen Identitätsbildung wenig Spielraum. Im Alltag zählen lediglich das eigene (Über-) Leben und Bestehen in der Masse. Ägypten weist ein starkes Bevölkerungswachstum auf. Täglich füllt die Menschenmenge die staubigen Straßen der Städte mit hupenden Autos. Endlose Staus, die öde, gleichbleibende Hitze und der Wüstensand, der die Sicht vernebelt, scheinen den Stillstand und die politische Unterdrückung des ägyptischen Volkes wiederzuspiegeln. Die Unzufriedenheit über die Unterdrückung im eigenen Land wächst gerade in einer Generation, die mit zahlreichen globalen Identitätsofferten, der sogenannten Globalkultur, konfrontiert ist. Nach dem „principium identitatis indiscernibilium"[9] ist das Wissen über Identitätsofferten für die eigene Identitätsbildung eine Herausforderung. Dementsprechend gibt es Sinn und Halt, sich auf die vertrauten Werte und Identitäten zu zurückzuziehen, die die individuelle Identität stärken und in Krisen stabilisieren.

Individuelle Identitäten

Da es in Ägypten kein sozialstaatliches Netz gibt, das das Individuum in Krisen auffängt und überleben lässt, ist die Familie und somit die Identitätsbildung über den Familienbund für das Individuum ausschlaggebend. Mit dem Anschluss an die Familie gehen kulturelle Werte und Bräuche (kulturelle Identität) und der Bezug zur religiösen Kommune und Institutionen (religiöse Identität) einher. Von einer individualisierten Gesellschaft, in der sich der Mensch aus vielfältigen Identitätsofferten seine eigenen Facetten wählen und die eigene, individuelle Identität bildet, ist Ägypten weit entfernt.

Neben einem allgemeinen religions- und geschlechterübergreifenden Verhaltenskodex prägen die religionsspezifischen Verhaltenskonventionen, Bräuche und Traditionen die Menschen. Zwischen Muslimen und Christen bestehen Gemeinsamkeiten, die eine gemeinsame nationale Kultur erzählen (s. kollektive Identität). Doch beruft sich die kollektive Identität der koptischen Minderheit auf die eigene Sinn gebende Tradition. Kreuze und andere christliche Symboliken hängen an Rückspiegeln in Autos und in den privaten Wohnhäusern. Viele koptische Christen haben das Kreuz als christliches Zeichen an ihr Handgelenk tätowiert und unterstreichen so auch für die Öffentlichkeit ihre Zugehörigkeit zur koptischen Gemeinde. Durch die Fremd- und Selbstzuschreibung der Identitäten gliedern sich die Menschen automatisch in ihre gesellschaftlichen Rollen: Diese Identifizierung scheint zudem als

---

[9] dtv Brockhaus Lexikon. München 1988, Band 8 Hau-Irt

sicherster Weg. So behalten Frauen ihre Position bei, die ihnen in der patriarchalischen Gesellschaft zugeschrieben wird. Kopten halten sich im Alltag zurück und ziehen Zuversicht aus der kollektiven Identität der Minderheit. Das Individuum wird in einer solchen kollektiven Identität der Minderheit vor einer Unterdrückung des nationalen Kollektivs geschützt: Es entstehen Frauenbewegungen, die sich gegen das patriarchalische, teils Frauen verachtende Gesellschaftssystem auflehnen. Das koptische Kollektiv setzt sich für die Rechte der religiösen Minderheit und gegen Diskriminierungen im Alltag, gegen Anschläge auf Kirchen ein.

Kollektive Identität

Die nationale kollektive Identität stützt sich in erster Linie auf die gemeinsame Zugehörigkeit zur ägyptischen Nation. Die kulturelle Identität Ägyptens bezieht sich auf die gesamte Historie und auf das kulturelle Alltagsleben Ägyptens. Als im 18. Jahrhundert in Europa der Begriff der Nation entstand, folgte dort der Prozess der Aufklärung und Säkularisierung. Benedict Anderson geht davon aus, dass die Geburt der Nationen mit dem Untergang der Religionen einhergeht[10].

Der Zwiespalt zwischen nationaler Identität und religiöser Identität für die koptische Minderheit lässt sich einerseits mit der Entstehung von Nationen und der „fehlenden" Säkularisierung erklären, andererseits auf die Jahrhunderte lange Unterdrückung der Christen im mehrheitlich muslimischen Ägypten zurückführen. Die sunnitischen Muslime in Ägypten eint die gemeinsame religiöse Identität, die sich weit über ihre Landesgrenzen hinaus in der Umma wiederfindet.

Sobald von der gemeinsamen Identität Gefahr für die individuelle Identität droht, verliert diese Identitätsfacette der nationalen Identität für das Individuum an Wert und Prägnanz. Gesellschaftliche Minderheiten definieren sich, wie oben beschrieben, in ihrem eigenen Kollektiv der Minderheit. In vielen Fällen hat das Kollektiv der Minderheit höheren Wert als eine Zugehörigkeit zur nationalen Gemeinschaft.

Was das nationale Kollektiv unter der staatlichen Führung Mubaraks eint, ist die starke Unterdrückung und existentielle Beschneidung. Die Mehrheit der Ägypter findet sich unter Mubarak seit Jahrzehnten als Verlierer im eigenen Land.

---

[10] Anderson, B.: Imagined Communities. Reflections on the Origins and Spread of Nationalism, London 1983.

Die künstliche Identität des Präsidenten

Nach einem Bombenanschlag in Taba 2005 schreibt Human Rights Watch: „Die Regierung von Präsident Mubarak hat immer noch nicht verstanden, dass routinemäßige Folter und willkürliche Verhaftungen gegen das Gesetz verstoßen und keine Antwort auf Fragen der Sicherheit sind."[11] Mubaraks Regierungsweise ist durchzogen von Gewalt und Radikalität gegenüber dem „eigenen" Volk. Als Staatsoberhaupt des Landes missbraucht Mubarak die Identität eines Präsidenten, und verrät „sein" Volk. Mithilfe der Notstandsgesetzgebung (Gesetz No.162; 1958) werden die Bürgerechte beschnitten, Menschen nach Willkür inhaftiert, gefoltert und ermordet. Da diese Form der Identität erfolgreich geschaffen ist, bezeichne ich sie als eine künstliche, missbrauchte Identität. Eine Identität, die nur leben kann, wenn ihre Lebenszeit als Amtszeit auf Lügen basiert: Verstöße gegen Menschenrechte werden vor der Welt geheim gehalten, professionell vertuscht. Das Volk wird belogen, indem von Beginn der Amtszeit an Versprechungen über eine „Einheit" in Fortschritt, wirtschaftlichen Aufschwung und internationaler Präsenz seine Identität als Präsident, dem Staatsoberhaupt einer Republik, zu legitimieren suchen.

Neben der Schärfe, die diese missbrauchte Identität Mubaraks der gesamten Bevölkerung entgegenbringt, findet seine politische Führung Gelegenheiten, die religiösen Identitäten des Volks gegeneinander auszuspielen. In einem Artikel der „Zeit" über den Bombenanschlag auf die koptische Kirche in Alexandria am 1. Januar 2011 erklärt der koptische Ingenieur Hany Mikail Butros, „die alte Regierung habe den Religionskonflikt stets geschürt, weil sich [...] ein Volk besser in Schach halten lasse, wenn man die verschiedenen Gruppen gegeneinander ausspiele."[12] Ob die „radikale Salafistengruppe"[13] oder die Staatssicherheit selbst den Anschlag initiiert habe, sei unklar. Fest steht, dass Mubaraks Regierung sich nach dem „Divide-et-impera"- Prinzip an der Macht hält. Zahlreiche Herrscher vor, während und nach Mubarak legitimieren ihre Macht mit einer Verwirrung der Identitäten innerhalb der Bevölkerung – zwei Religionsgruppen gegeneinander auszuspielen ist ein einfacher Zug, da mit der Religion oft das Herz der eigenen Identität getroffen ist. Emotionalität wiegt dann über Diplomatie und Abwägung – Unruhen geraten leicht außer Kontrolle. Durch zusätzliche Instrumente wie Notstandsgesetzgebung, Folterungen, Verschleppungen und unrechtmäßige Verhaftungen wird das Leben des Volkes konstant bedroht.

---

[11] www.hrw.org : „Ägypten: Angriffe auf friedliche Demonstranten beenden" (24.Feb.2012)
[12] www.zeit.de: „Was wurde aus der koptischen Kirche?" (21.Feb.2012)
[13] Ebd.

Als die Revolution beginnt, hat das nationale Kollektiv, die „Verlierer" unter Mubarak, ein gemeinsames Ziel, eine gemeinsame Orientierung. Doch die individuellen Absichten innerhalb des nationalen Kollektivs halten die vertraute Kategorisierung in Minderheiten aufrecht, wie der Verlauf der Revolution zeigt.

Während der Revolution

Kollektive Identität vs. individuelle Identität

Am 25. Januar 2011 beginnen die Proteste, der 28. Januar geht als „Tag des Zorns" in die Geschichte Ägyptens ein. Entgegen der Proteste und Unruhen, bei denen es in Kairo bereits Hunderte Tote und Tausende Verletzte gibt, schließt der Präsident seinen Rücktritt vom Amt weiterhin aus. Die Nation ist sich einig. Plakate und Rufe wie: „Hau ab, Mubarak!", „Das Volk will das System stürzen!" überziehen den Tahrir-Platz. „Eine Hand!" – Ein Volk, eine Nation: die kollektive Identität Ägyptens. Neben politischen Forderungen des nationalen Kollektivs suchen Plünderer ihren eigenen Profit. Statt sich der nationalen Bewegung anzuschließen, überfallen sie humanitäre Einrichtungen und öffentliche Gebäude, private Haushalte und Demonstranten. Im Laufe der Revolution kommen Menschen aus ganz Ägypten nach Kairo, um in krimineller Weise vom Chaos auf den Straßen zu profitieren. Als das Museum in Memphis ausgeraubt wird und zunehmend auch das Ägyptische Museum von den Unruhen, Bränden, Anschlägen und Plünderern nicht verschont bleibt, bilden Demonstranten eine Menschenkette, um das Ägyptische Museum zu schützen. Ob es Plünderer waren, die sich ihrer bloßen Existenz, der eigenen individuellen Identität halber gegen ein Verbund mit der Menge entschlossen oder ob es das Wachpersonal und Polizisten waren, die die bedeutenden Exponate im Ägyptischen Museum zerstört oder geraubt haben, bleibt offen. Vielleicht ist jede Aktion gegen die Proteste von staatlicher Seite initiiert. Es bleibt eine Tatsache, dass seitens der Demonstrationsgegner der Sinn für oder das Vertrauen in ein nationales Kollektiv fehlt. Die individuelle Identität, auch wenn sie käuflich ist, hält die Menschen in ihren alten Mustern. Im Laufe der Revolution habe man sich, so erzählen es Kairoer, jede Nacht in Bürgerwehren versammelt, die sich mit Eisenstangen und Küchenmessern bewaffneten, um ihre Familie, ihre Häuser und Straßen vor Plünderern und Unruhestiftern jeglicher Art zu schützen.

Kollektive Identität vs. künstliche Identität

Der Februar beginnt mit dem „Marsch der Millionen", der dem Geschehen auf dem Tahrir-Platz „Volksfestcharakter"[14] verleiht: Die Armee kontrolliert die Demonstranten und engagiert sich gegen Waffen und Gewalt. Das Volk bebt in der kollektiven Stärke, der Kraft, die viel zulange ruhte. Ist diese Besinnung der Demonstranten von der Armee geplant? War es nur gewollt, dem Kollektiv den nötigen Raum zu bieten, um das erkämpfte Nationalgefühl mit Emotionen zu füllen? In dieser „Entspannung" verfolgt das Volk die TV-Ansprache Mubaraks. Statt der Forderungen des Volks entgegenzukommen, hält er fest: „Dieses Land ist auch meine Heimat, und in diesem werde ich sterben"[15]. Das derjenige, der für die Misere des Landes zur Verantwortung gezogen wird, weiter danach trachtet, sich im nationalen Kollektiv zu halten und an dessen Spitze zu sehen, ist ein klarer Angriff gegen den just erwachten nationalen Geist der Demonstranten. Mubarak hält an seiner künstlich-missbrauchten Identität fest und schneidet dem Kollektiv damit in eine Wunde, die viel zu lange unter dem Verband seiner volksfeindlichen Regierung klaffte.

Mubarak-Sympathisanten halten regierungsfreundliche Plakate mit der Aufschrift: „Husni! Husni!" in den Händen. Männer stürmen den Tahrir-Platz auf Pferden und Kamelen, während militärisches Einschreiten ausbleibt. Ich bezeichne diese Mubarak-Sympathisanten als künstlich-käufliche Identitäten. Käuflich daher, weil ihre Arbeit scheinbar durch Regierung oder Militär initiiert und bezahlt wurde „Echte" Sympathisanten mit „echten" politischen Interessen greifen meiner Vorstellung nach nicht auf Mittel zurück, die derart undiplomatisch und ziellos sind. Das einzige Ziel, das Sinn gebend bleibt, ist Verwirrung zu stiften: Divide et impera! Kenneth Roth, Direktor von Human Rights Watch, erklärt: „Die Vorstellung, dass bewaffnete Mubarak-treue Demonstranten auf Pferden und Kamelen sich versammeln und die Kontrollpunkte der Armee passieren, ohne von der Regierung angeleitet oder zumindest unterstützt zu werden, widerstrebt dem gesunden Menschenverstand."[16]

Vielleicht füttern diese käuflichen Identitäten ihre Individuelle Identität. Vielleicht aber ist dieses nationale Einheitsgefühl, dem Gleichberechtigung und eine Verbesserung der eigenen Lebenssituation folgen könnten, durch Jahrzehnte altes Misstrauen und Zweifel schlichtweg überschattet. Es ist nicht zu unterschlagen, dass sich das Volk seit Jahrhunderten in Ausbeute und Ungleichheit befindet: Mamlucken, Osmanen, Franzosen und Briten überließen König

---

[14] www.wikipedia.de: „Revolution in Ägypten" (vom 21.Feb.2012)
[15] Ebd.
[16] www.hrw.org : „Ägypten: Angriffe auf friedliche Demonstranten beenden" (vom 24.Feb.2012)

Faruq 1922 ein Land, dessen Volk sich von den Strapazen der vergangenen Herrscher erholen muss und dabei versucht, den nationalen Stolz über ihr Land als eine der ersten Hochkulturen der Menschheit zu bewahren.

Kollektive Identität vs. religiöse Identität

Aus Angst, die Muslimbrüder würden die Demonstration auf dem Tahrir-Platz dominieren, positionierten sich einige koptische Aktivisten gegen die Teilnahme am „Tag des Zorns". Die Muslimbrüder nahmen erst ab 28. Januar an den Protesten teil, während Papst Shenouda II seine Gläubigen am 30. Januar weiter dazu aufrief die Demonstration nicht zu unterstützen. Anders als Gandhi um 1940 in Indien davon ausging, dass Politik ohne Religion nur derjenige machen könne, der von Religion keine Ahnung habe, scheint es, als halte sich die Religion in den politischen Forderungen der Ägypter zunächst zurück. Es soll eine säkulare Revolution sein, die eine säkulare Demokratie zur Folge hat. Am 4. Februar 2011 kommt es zum Sternmarsch auf den Tahrir-Platz. Imam Chaleb el Marakbi sagt: „Dies ist eine ägyptische Bewegung, alle sind zu Muslimen und Christen geworden, sie sind gekommen, ihre geraubten Rechte einzufordern"[17]

In einem Interview mit „alsharq", einem Blog von Politik-, Islam- und Nahostwissenschaftlern, hebt der koptische Aktivist Rami Kamel den symbolischen Wert hervor, den die kollektive Teilnahme der Kopten an der Revolution trägt. „Unsere Teilnahme an der Revolution sollte zum Ausdruck bringen, dass wir uns an einem nationalen Konsens beteiligen"[18]. Er beschreibt, wie sich das christliche Kollektiv dem islamischen Kollektiv anschließt und „Hand in Hand" zum Tahrir-Platz marschiert. „In der Nähe des Tahrir-Platzes trafen wir auf eine Gruppe von Muslimen, die gerade das Nachmittagsgebet verrichteten. Wir stellten uns vor sie, um sie während des Gebets vor den Sicherheitskräften zu schützen"[19]. Die ganze Welt war von diesem Bild der Einheit, Solidarität und Toleranz überwältigt. Bei Auseinandersetzungen mit Gewalt, Tränengas und Gummigeschossen seitens der Armee traten Christen und Muslime in einer gestärkten nationalen Einheit auf: „Muslime, Christen – Wir sind alle Ägypter"[20] stand auf den Plakaten.

---

[17] www.wikipedia.de: „Revolution in Ägypten" (vom 21.Feb.2012)
[18] www.alsharq.de: „Die Rolle der Kopten in der Ägyptischen Revolution" von Sebastian Elsässer (vom 24.Feb.2012)
[19] Ebd.
[20] Ebd.

Angeregt vom Adrenalin des gemeinsamen Nationalgefühls, in dem es ein „Tabu gewesen [sei], über die Religionszugehörigkeit zu sprechen"[21], schafft es das Kollektiv die Soldaten davon zu überzeugen, Waffen und Ausrüstungen niederzulegen und sich ihnen anzuschließen. Ohnehin scheinen viele der jungen Soldaten mit der Situation überfordert zu sein und lediglich ihren Auftrag zu erfüllen. Da käufliche Identitäten künstlich sind, können sie in Identitätskrisen von starken, kollektiven Identitäten überwältigt werden: „Ihr seid unsere Brüder, wir wissen dass ihr nur Befehle befolgt."[22]

Kamel erzählt weiter: „Überall auf dem Weg zum Tahrir-Platz fanden wir ausgebrannte Fahrzeuge und Soldaten der Bereitschaftspolizei, die ihre Uniformen ausgezogen hatten und mit den Leuten marschierten."[23] Die nationale Solidarität und die gelebte religiöse Toleranz ergeben hier ungeahnte Seitenwechsel, großartige Bewegungen der Identitäten, auf die zuvor kaum jemand zu hoffen wagte. Das nationale Kollektiv, gepaart mit religiöser Gleichstellung, zeigt einen Sog, dem sich künstliche, käufliche Identitäten ergeben.

Neben dieser Emotionalität über die kollektive Einheit darf jedoch deren zustande kommen und die Forderungen der Untergruppen nicht aus den Augen verloren werden. „Die Berichterstattung über die Lage in Ägypten übersieht oft, dass im Windschatten der Revolution auch der koptische Widerstand gegen Diskriminierung und religiös motivierte Gewalt neue Dimensionen der Mobilisierung erreicht hat."[24]

Denn noch während der Revolution gehen Übergriffe auf christliche Einrichtungen weiter. Am 23. Februar 2011 greift die Armee das Anba-Bisnoy-Kloster an und beschießt es mit Maschinenpistolen. Es gibt 23 Verletzte. In einer Stellungnahme schreibt das Militär, es wurden lediglich „ein paar Mauern entfernt"[25], den Aussagen des Bischofs zufolge wurden die Mauern jedoch erst einige Wochen zuvor auf Geheißen der Armee errichtet.

Am 4. März 2011 werden in Soul, einem Dorf südlich von Kairo, die Kirchen St. Georg und St. Mina niedergebrannt. Grund für die Auseinandersetzung ist eine Beziehung zwischen einem Christen und einer Muslimin. In einem Interview mit der Deutschen Welle erzählt Zeuge Mahmud, „[d]er Kopte habe das Mädchen vergewaltigt und sei dann geflohen […]. Man habe die Kirche aus Wut über die Flucht des Übeltäters niedergebrannt […]. Das Mädchen sei von ihrem Bruder und ihrem Cousin getötet worden: „Das ist unsere Tradition" […]Schließlich sei eine uneheliche Beziehung zwischen einem Christen und einer Muslimin

---

[21] www.dw.de: „Verlierer der Revolution - Kopten in Ägypten" von Magdalena Suerbaum (vom 22.Feb.2012)
[22] www.alsharq.de: „Die Rolle der Kopten in der Ägyptischen Revolution" von Sebastian Elsässer (vom24.Feb.2012)
[23] Ebd.
[24] Ebd.
[25] www.wikipedia.de: „Revolution in Ägypten"

das Schlimmste, was es gibt"[26]. Immer wieder kommt es noch während der Revolution zu Ausschreitungen zwischen muslimischer und christlicher Identität, obgleich erst vor Kurzen der „Sternmarsch" eine kurzweilige Harmonie der Identitäten suggerierte.

Kollektive Identität der Minderheit vs. nationale Identität

Ab 7. März 2011 demonstrieren koptische Christen vor dem Rundfunkgebäude Masbiro für den Wiederaufbau der Kirchen in Soul. In der Nacht vom 13. auf den 14. März werden die Demonstrationen für die juristische Gleichstellung von Christen und Muslimen und gegen weitere Anschläge auf koptische Kirchen von der Armee gewaltsam niedergeschlagen. Zwischen tausenden von christlichen Demonstranten gibt es zahlreiche Verletzte, die von willkürlich in die Menge gesteuerten Armeefahrzeugen, Elektroschockern oder Knüppeln angegriffen wurden. Wo ist der solidarische Geist, der Wochen zuvor die Ägypter verbrüderte und einheitlich gegen die Regierung positionierte? Wo ist die Menschenmenge, die Mehrheit, das Volk, das sich im nationalen Kollektiv auf dem Tahrir-Platz vereinte und am 11. Februar den Rücktritt Mubaraks feierte?

Am 8. März 2011, dem Internationalen Frauentag, folgen auch in Kairo zahlreiche Frauen dem „million women march". Angeregt vom „Frühlingshoch", dem nationalen Geist des Tahrir-Platz, ist auch die Frauenrechtsaktivistin Nihad Abu el Komsan voller Zuversicht und Stolz auf die Kraft des nationalen Kollektivs: „Stärker als je zuvor sind ägyptische Frauen politisiert, engagieren sich, erheben ihre Stimme"[27]. In dem Artikel heißt es weiter, die Demonstrantinnen wurden „von etwa 200 Männern angegriffen, [...] beschimpft, betatscht, verschleppt. Die Armee stand untätig daneben. Erst am Tag darauf schlug sie zu: An gleicher Stelle verhaftete sie demonstrierende Frauen, nötigte etliche zu Jungfräulichkeitstests, folterte mit Elektroschlägen"[28]. Wo ist die Achtung, die Wochen zuvor allen Demonstranten und Demonstrantinnen gleichermaßen zugesprochen wurde? Wo ist die Zusammengehörigkeit, die den neuen Geist in die Straßen trug? Haben nicht die Frauen einen wichtigen Beitrag zum nationalen Kollektiv, zur infrastrukturellen Organisation auf dem Tahrir-Platz geleistet? Waren nicht sie es, die die Demonstranten in improvisierten humanitären Einrichtungen verarztet und für den gemeinsamen Kampf wieder aufgestellt haben?

---

[26] www.dw.de: „Verlierer der Revolution – Kopten in Ägypten" von Magdalena Suerbaum (vom 22.Feb.2012)
[27] www.cicero.de: „Frauen – Verlierer der arabischen Revolution" (vom 21.Feb.2012)
[28] Ebd.

11

Es sind Beispiele dafür, dass sich der „Tahrir-Spirit"[29], die gemeinsame nationale Identität in den starken, vertrauten Identitäten der Minderheiten verliert. Wie zuvor kämpft die Minderheit alleine gegen Regierung und Mehrheit des Volkes, dem sie in nationaler Identität doch verbunden sind. Vielleicht ist die Krise zu groß und die sozialen Muster zu stark, um sie von jetzt auf gleich zu durchbrechen. Wenn es auch die Regierung, das Militär, die Armee ist, die das Volk immer wieder zu teilen sucht, bleibt zu hoffen, dass das nationale Kollektiv das Hochgefühl des Tahrir-Platz nicht vergisst.

Interaktive Identitäten

Die Jugend Ägyptens organisiert sich interaktiv. Das Internet, das mit Facebook und Twitter in individualisierten Ländern fast ausschließlich künstliche Identitäten hervorbringt, ist in Ländern, in denen die reale, individuelle Identität nicht leben darf, eine Möglichkeit zur persönlichen Entfaltung. Der Blogger Chalid Muhammad Said wurde am 6. Juni 2010 von Sicherheitskräften in Alexandria misshandelt, bewusstlos getreten und schließlich ums Leben gebracht. Seine Identität, die die Jugend Ägyptens interaktiv zu einem Kollektiv zusammenführt, wird zur Leitfigur der Revolution 2011. Der Bogger Maikel Nabil Sanad wird am 11.April 2011 zu drei Jahren Haft verurteilt. Er macht die Armee für den Unfrieden zwischen Kopten und Muslimen verantwortlich und kritisiert die Militärische Führung. Am 24. Januar 2012 wird er aus der Haft entlassen. Für die ägyptischen Demonstranten ist das Internet der „Ort", an dem die interaktive Identität gelebt werden kann, Treffpunkte verabredet und über aktuelle Geschehnisse diskutiert wird. Das Internet: die Plattform einer globalisierten Welt, in der ein grenzenloser Informationsaustausch nicht mehr aufzuhalten scheint. Doch anders in Ägypten: Als in der Nacht vom 27. auf den 28. Januar 2011 das Internet abgeschaltet wird, sind nicht nur die Bewohner des Landes selbst, sondern Menschen weltweit entsetzt über diesen drastischen Schritt, der nur als eine Niederlage der Regierung interpretiert werden kann. Am 28.Januar 2011 werden zusätzlich die Leitungen der Mobilfunknetze getrennt. Die jungen Ägypter lassen sich nicht irritieren und wissen um Alternativen: Einerseits wiederbeleben sie alte Nummern und Modems, die ein freies Einwählen in das Internet ermöglichen. Andererseits vertrauen sie dem nationalen Geist, der die Menschen so oder so auf die Straße bringen wird – jetzt erst recht, denn die interaktive Identität lässt man sich nicht auch noch nehmen. Einige Tage später, als die Netze teilweise wieder frei geschaltet werden, scheut sich die Regierung nicht, über Mobilfunkanbieter

---

[29] www.dw.de: „Verlierer der Revolution – Kopten in Ägypten" von Magdalena Suerbaum (vom 22.Feb.2012)

staatliche Propaganda zu verbreiten. Eine missbrauchte Identität mit einer käuflichen zu vereinen ist auch interaktiv einen Versuch wert.

Nach der Revolution

Im Sommer 2011 trägt fast jeder Taxifahrer in Kairo eine Waffe bei sich: Elektroschocker, Schusswaffen oder Messer, die im Ernstfall der eigenen Verteidigung dienen. „Keiner hilft uns", „wir sind vollkommen auf uns alleine gestellt", berichten sie. Was bleibt ihnen anderes übrig, als ihrer Arbeit nachzugehen? „Work is the only solution" steht in roter Schrift auf schwarzen Plakaten in Kairos Straßen. Einige Ägypter versuchen den Tahrir-Platz zu meiden, U-Bahnen werden überfallen, kriminelle Identitäten haben freie Bahn in ihrer Jagd auf Profit. Immer mehr Ägypter verlassen das Land, andere fühlen sich in ihrem Einsatz für die Nation verraten. Rami Kamel, ein koptischer Aktivist, ist optimistisch: „[W]ir als koptische Jugend müssen ein Teil des nationalen Konsens sein, und ich und meine Mitstreiter müssen diesen Gedanken unter den Kopten verbreiten. [W]ir müssen die Errungenschaften der Revolution verteidigen, damit sie eine säkulare Revolution bleibt und nicht zu einer religiösen Revolution wird."[30]

Wenn sich noch vor der Revolution die gesamte Nation, die Elite ausgenommen, als Verlierer unter Mubarak sieht, so sehen sich nun vor allem Ägyptens Minderheiten als Verlierer der Revolution: „Verlierer der Revolution – Kopten in Ägypten"[31]- so lautet auch die Überschrift eines Artikels der Deutschen Welle vom 10. März 2011. Youssef Sidhom, der Chefredakteur der koptischen Zeitung, berichtet in dem Interview: „Die Kopten waren in den letzten Jahrzehnten ständig Opfer von Diskriminierung und Attacken […], [w]ir haben nicht erwartet, dass es nach der Revolution so weiter gehen würde"[32] Auch Magdy Seif sagt: „Nach der Revolution hat sich der Rassismus unter den Ägyptern verstärkt. […] Wir Kopten können für die Veränderungen nichts tun außer fasten und beten"[33]. Die Zuversicht und das Vertrauen in das nationale Kollektiv des Tahrir-Platz sind kaum gewonnen, so gebrochen.
Ein Grund für die Radikalisierung der religiösen Identitäten sei, dass zunehmend politische Parteien die „Straße eroberten"[34]. Sowohl die Muslimbrüder als auch die Salafisten gewinnen

---

[30] www.alsharq.de: „Die Rolle der Kopten in der Ägyptischen Revolution" von Sebastian Elsässer (vom 24.Feb.2012)
[31] www.dw.de: „Verlierer der Revolution – Kopten in Ägypten" von Magdalena Suerbaum (vom 22.Feb.2012)
[32] Ebd.
[33] Ebd.
[34] Ebd.

Wähler für sich, indem sie die Bevölkerung durch soziales Engagement, Versprechungen und mit Geschenken manipulieren und bestechen. 2009 schreibt Phillip C. Naylor: „Islamism as a political ideology has been an Egyptian tradition since the founding of the Muslim Brotherhood in 1928"[35]. Eine Trennung von Religion und Politik, die als Schritt zu einer säkularen Demokratisierung Ägyptens zu deuten wäre, ist angesichts der postrevolutionären Lage in Ägypten nicht zu erwarten. Anstehende Wahlen, die sich zuspitzende Unsicherheit und mangelnde Hilfe seitens der Sicherheitskräfte machen das Leben auf Ägyptens Straßen zum täglichen Kampf. Immer wieder kommt es zu immer gewalttätigeren Ausschreitungen zwischen Bürgern und religiösen Identitäten. Hunderte Verletzte und Tote auf beiden Seiten sind die Folge von Gerüchten über Konversionen oder unrechtmäßigen Verschleppungen im Namen einer Religion. Am 20. September 2011 sagt Fouad Ibrahim, Professor für Sozialgeographie an der Universität Bayreuth in einem Artikel des „Westens": „Die Verfolgung der Kopten ist grausamer als zuvor"[36]. Auch die Internationale Gesellschaft für Menschenrechte (IGFM) berichtet: „In den letzten Monaten sind die [E]xtremisten unter den extremistischen Muslimen immer offener und aggressiver aufgetreten"[37]. Mit „extremistischen Muslimen" meint der „Ägypten-Experte" Max Klingberg wohl Muslime, in deren Interessen sich deutliche islamische Referenzen widerspiegeln. „Die Revolution darf nicht von Islamisten infiltriert werden"[38], heißt es weiter.

Ob ein Gläubiger als „Extremist" oder ein Muslim als „Islamist" bezeichnet wird, sollte in jedem Fall kritisch betrachtet werden. Fest steht jedoch, dass jede religiöse Identität umso stärker wird, je größer die religiösen Referenzen innerhalb der Identitätsbildung sind. Eine Verhärtung einer Identitätsfacette innerhalb der gebildeten individuellen Identität widerspricht der Natur, der Fluidität der Identitäten. Toleranz verliert ihren Platz, die Identität wird auf die religiöse Identitätsfacette konzentriert. Je stärker dann die Unterstützung durch das nationale Kollektiv der Mehrheit, desto legitimierter ist die Ab- und Gegenwehr der christlichen Minderheit. Diese wird zusehends vom religiösen Kollektiv der Mehrheit, das sich wiederum auf die Umma stützt, aus ihrem eigenen Land ausgeschlossen, dem „schwachen Geschlecht" wird soziales Mitwirken vermehrt abgesprochen. Für die Frauen entsteht das „Gefühl, als Körper und nicht als Mensch wahrgenommen zu werden."[39] Das „Gefühl, dass sich die eigene Sittlichkeit in erster Linie in der Kleidung manifestiert. Nach der Sittlichkeit aber wird in

---

[35] C. Naylor, P.: North Africa. A History from Antiquity to the Present, Texas 2009, S.200
[36] www.derwesten.de: „Revolution hilft Christen in Ägypten nicht" (vom 25.Feb.2012)
[37] Ebd.
[38] Ebd.
[39] www.cicero.de: „Frauen – Verlierer der arabischen Revolution" (vom 21.Feb.2012)

weiten Teilen der ägyptischen Gesellschaft der Wert einer Frau bemessen."[40]

„Frauen – Verlierer der arabischen Revolution" titelt die Zeitschrift „Cicero" in seiner
Onlineausgabe und beschreibt, dass sich die Bedingungen für das Engagement von
Aktivistinnen seit der Revolution verschlechtert haben. „Frauenrechte [seien] auf dem
Nullpunkt"[41] angelangt, man könne, wie das koptische Kollektiv, nur der nationalen
Solidarität des Tahrir-Platz gedenken. „Erst strich der neu regierende Militärrat die Zahl der
weiblichen Kabinettsmitglieder zusammen und ignorierte dann die – auch vom Westen
unterstützte – Forderung, Frauen bei der Ausarbeitung der Übergangsverfassung zu
beteiligen."[42] Eine Gefahr gehe von dem Machtvakuum aus, das Platz für die Verfestigung
der religiösen Identität schafft: Die nationale Identität, zu der auf dem Tahrir-Platz auch die
kollektiven Identitäten der Minderheiten gehörten, wird zusehends der politischen
Orientierung beschnitten. Die fest verankerte Identitätsfacette greift mehr und mehr auf
islamische Referenzen, das Fundament der Mehrheit, zurück und orientiert sich an
patriarchalischen Gesellschaftsstrukturen. In Krisen, wenn die Bewegungen der Identitäten
die Menschen verunsichern und den Einen oder Anderen mit der Möglichkeit zu freier
Identitätsbildung überfordern, sorgen die vertrauten religiösen Referenzen für Sinn, Halt und
als Abgrenzung („principium identitatis indiscernibilium"[43]) gegen die Anderen, gegen den
Westen und für die individuelle Stabilität.

Dass arrangierte religiöse Konflikte einer Legitimation der (Militär-) Regierung dienen,
deuten folgende Recherchen: Als am 5. März 2011 die Gebäude der Sicherheitspolizei
gestürmt werden, um Dokumente und Akten zu sichern, die im Auftrag der Machtinhaber
verbrannt werden sollen, können wichtige offizielle Dokumente gerettet werden. Nach „al
Arabiya" finden sich darin Pläne, die Angriffe auf koptische Kirchen verzeichnen. Berichte
des britischen Geheimdienstes belegen, dass eine „Operation unter falscher Flagge" für den
Anschlag am 1. Januar 2011 auf die koptische Kirche in Alexandria verantwortlich ist. Auch
Youssef Sidhom macht die Armee für die Übergriffe mitverantwortlich. „Das Militär
kümmert sich nicht um die Belange der Kopten und öffnet so den Weg für weitere
Diskriminierungen"[44]. Es ist zu bedenken, dass auch in der Regierung, im Militär, und unter
den Sicherheitskräften die große Mehrheit durch die gemeinsame religiöse Identität zu einem
Kollektiv wird, dass sich islamischer Referenzen bedient. Je einseitiger die Orientierung des

---

[40] Ebd.
[41] Ebd.
[42] Ebd.
[43] dtv Brockhaus Lexikon. München 1988, Band 8 Hau-Irt
[44] www.dw.de: „Verlierer der Revolution – Kopten in Ägypten" von Magdalena Suerbaum (vom 22.Feb.2012)

Kollektivs, je verfestigter die Facette, desto unmöglicher wird das Leben der Minderheiten mit einer Regierung, die jegliche Identitäten in Bewegung auslöscht und lediglich die eigenen Ziele – wirtschafts-politischer oder religiöser Art– ohne Rücksicht auf Verluste, durchzusetzen sucht.

„Das politische System müsse sich ändern, bevor Ägypten voran kommen kann"[45] sagte Mohammad al Baradei am 29. Januar 2011. Meines Erachtens kann Ägypten nicht „vorankommen", wenn Bewegungen der Identitäten im Kern ersticken.

Ägypten ist groß, größer als verfestigte Facetten. Das Vorhandensein einer Identitätenvielfalt, den Willen, diese Identitäten zu bewegen und zu leben, hat das ägyptische Volk in der Revolution, in den Tagen um den „Sternmarsch", bewiesen. Eine Harmonie der Identitäten wurde kennengelernt und gelebt. Sobald das Land politisch und wirtschaftlich stabilisiert würde und zur Ruhe käme, könnten sich die religiösen und individuellen Identitäten mit dem neuen Geist einer jungen Generation auf sich besinnen.

Die Ägypter sind ein junges Volk. Eine Generation, die mit interaktiven und globalen Identitätsofferten lebt und die Sehnsucht hat, sie in Selbstbestimmung als Facetten in ihre individuellen Identitäten integrieren zu dürfen. Ein nationaler Strukturwandel hin zu Demokratie und religiöser Toleranz ist meiner Meinung nach möglich, wenn dieser Generation Gehör geschenkt wird. Wenn die alteingesessenen Machtinhaber und Politiker sich zurückziehen und der neuen Generation Raum für politische Aktivitäten geben. Wenn eine politische Führung geformt wird, die weniger festgefahren, voreingenommen und gebrandmarkt ist. Diese Generation soll die Zukunft sein und diese Generation versteht es, Identitäten zu bewegen und zu tolerieren. Junge Menschen, die sowohl ihre eigene religiöse Identität, als auch die der Anderen als Facetten in die gemeinsame, nationale Identität zu integrieren wissen.

„Wir sind antik. Wir sind jung. Wir sind Ägypten. Wir sehen uns in Gizeh!" So steht es derzeit auf Werbeplakaten u.a. in Berlins U-Bahnhöfen. Es ist absurd, dass die zunehmend miserable wirtschaftliche Situation Ägyptens die Tourismusbranche dazu bringt, gerade mit Widersprüchlichkeiten wie „antik und jung" zu werben. Denn es ist klar geworden, dass jegliche Identitätenvielfalt im revolutionären Ägypten vorhanden ist, von religiös-politischer

---

[45] „www.wikipedia.de: „Revolution in Ägypten" (vom 21.Feb.2012)

und militärischer Führung jedoch vernichtet wird und postrevolutionär keinen Platz finden soll. Das kurzsichtige Spiel dieser Widersprüchlichkeiten versucht die fortwährende Verhärtung im Land selbst zu kaschieren. Statt in Ägypten den Fokus auf eine Verfestigung der religiösen Identitätsfacette zu setzen, muss Energie in Bildung und v.a. in ein Umdenken der Machtinhaber fließen. Dass postrevolutionär erstmals in der Geschichte Ägyptens Jungfräulichkeitstests erzwungen wurden, deutet auf einen Stillstand oder gar Rückschritt bezüglich einer annähernden Gleichstellung von Mann und Frau hin. Die alleinige Konzentration auf Bräuche und die religiöse Identität kann kurzweilig in einem neuen, großen Kollektiv Halt geben. Langfristig jedoch vermag eine Identität, die sich lediglich auf eingefahrene, regungslose religiöse und kulturelle Facetten beruft, in ihrer eigenen Stagnation erfrieren: Bewegungslosigkeit ist leblos, die Verleugnung der Identitätenvielfalt ist eine Verleugnung des Lebens selbst.

In einem Ausbau dieser Diskussion stellt sich die nächste Frage: Kann die nationale, kollektive Identität weiter bestehen, wenn die Regierung Ägyptens sich auf religiöse Referenzen beruft? Welche Rolle spielt das Militär bei dem Religionskonflikt zwischen Muslimen und Christen in Ägypten?